글 황시원

대학에서 국어국문학을 전공했습니다. 잡지사와 출판사, 애니메이션 회사에서 일했습니다.
현재는 출판사 파란소나기 대표로 콘텐츠와 출판물을 기획하고 집필하고 있습니다.
네이버 지식백과 〈만화로 보는 교과서 인물〉, 쥬니버와 아울북 인터랙티브 〈동화 만들기〉 콘텐츠를 만들었으며
쓴 책으로는 《나는 커서 뭐가 될까?》, 《노벨상 수상자 50인의 특강》, 《마법천자문 속담사전》,
《초등교과서 어휘능력 12000》, 《EBS 철학 학교 1》 등이 있습니다.

글 한고은

대학에서 사회학을 전공하고, 잡지사에서 기자로 일했습니다.
현재 파란소나기 기획창작 그룹 팀장으로 '스토리다움', '스토리나인'을 이끌며 콘텐츠와 출판물을 기획하고 집필하고 있습니다.
네이버 지식백과 〈만화로 보는 교과서 인물〉, 쥬니버와 아울북 인터랙티브 〈동화 만들기〉 콘텐츠를 만들었으며
쓴 책으로는 《고사성어월드》, 《스도쿠월드》 등이 있습니다.

그림 도니패밀리

귀여운 그림과 재미있는 표정 연출이 주특기인 신재환, 정동호 두 그림작가로 이루어진 팀입니다.
그림을 보면서 즐거워하는 독자들의 모습을 상상하면서 신나게 작업하고 있습니다.
펴낸 책으로는 《구해줘 카카오프렌즈》, 《몰입영어 월드트레블》 등이 있습니다.

감수 황신영

이화여자대학교 과학교육과를 졸업하고, 동대학원에서 박사 학위를 받았습니다.
현재 이화여자대학교 사범대학부설 영재교육원에서 근무하며, 대학생을 가르치고 있습니다.
쓴 책으로 《멘델이 들려주는 유전 이야기》, 《윌머트가 들려주는 복제 이야기》,
《초등과학 개념사전》, 《초등학생이 꼭 알아야 할 미생물 이야기 33가지》 등이 있으며,
번역한 책으로는 《천재들의 과학노트: 과학사 밖으로 뛰쳐나온 생물학자들》, 《현대 과학의 이정표》가 있습니다.

매직 엘리베이터 우주

라인프렌즈 지식그림책

글 황시원, 한고은 | 그림 도니패밀리 | 감수 황신영

아울북

매직 엘리베이터 클럽

엘베르토

엘베르토와 함께 매직 엘리베이터를 타고 세상의
모든 지식을 찾아 모험을 하는 클럽이다.
매직 엘리베이터 클럽을 줄여서 '매직 엘리 클럽'이라고도 한다.
호기심이 늘 샘솟는다면
누구나! 매직 엘리 클럽의 회원이 될 수 있다.

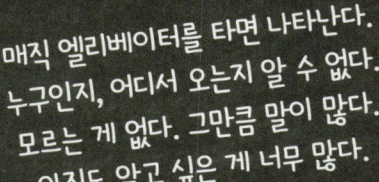

매직 엘리베이터를 타면 나타난다.
누구인지, 어디서 오는지 알 수 없다.
모르는 게 없다. 그만큼 말이 많다.
아직도 알고 싶은 게 너무 많다.

매직 엘리 클럽 규칙

- 하나. 궁금한 건 참지 않는다.
- 둘. 매직 엘리베이터를 타고 신나게 모험을 즐긴다.
- 셋. 모험을 한 후 내 마음대로 보고서를 쓴다.

매직 엘리베이터

평소엔 평범한 엘리베이터다.
호기심이 발동하는 순간
매직 엘리베이터가 된다.
매직 엘리베이터는
시간과 공간을 초월한다.
매직 엘리베이터의 능력과 한계는
아직 밝혀지지 않았다.

브라운 — 무뚝뚝, 무표정하지만 곁에 있는 것만으로 든든한 친구.

코니 — 열정과 에너지가 넘치는 친구.

초코 — 브라운의 동생. 궁금한 것도, 꿈도 많은 친구.

★ 매직 엘리 클럽 회원 소개 ★

라인 아파트에 사는 사이좋은 친구들.
우연히 매직 엘리베이터의 비밀을 알게 되었고,
엘베르토와 함께 매직 엘리베이터를 타고 마법 같은 여행을 한다.

"세상에는 궁금한 것도, 알아 갈 것도, 경험할 것도 너무 많아!
정말 신나는 일이야!"

레너드 — 미스터리를 좋아하고, 엘베르토의 비밀에 관심이 많은 친구.

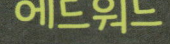

에드워드 — 책을 좋아하고, 스피드를 즐기는 친구.

제시카 — 언제나 명쾌하고 똑 부러지는 친구.

팡요 — 집에 있는 것을 제일 좋아하는 친구.

샐리 — 친구들 중 가장 힘이 세고, 엘베르토만큼 수다스러운 친구.

"정말 근사한 클럽이군! 나도 함께할 수 있을까?"

코니가 우주인으로 선발되다니! 정말 자랑스러워. 하지만 기쁨도 잠시, 우주에 가기 위한 힘든 훈련이 시작되었지.

합격 통지서

우주인이 되기 위해서는 체력 훈련과 여러 가지 교육을 받아야 합니다. 우주에서 진행할 과학 실험 방법을 익히고……. 예비 우주인이 된 것을 축하합니다!

코니는 우주의 무중력 상태에 익숙해지기 위해 두꺼운 우주복을 입고 물속에서 떠다니는 연습을 했어.

우주에서는 몸이 공중에 둥둥 떠 있으니까!

빙글빙글 회전의자에 앉아 멀미에 대비하는 훈련도, 카메라 촬영 연습도 척척 해냈지.

난 어지럽지 않다. 어지럽지 않다. 어지럽다! 우엑!

우주 자료를 많이 모으려면 촬영은 필수!

공부도 아주 열심히 해야 했어. 우주 비행과 우주 과학을 잘 알고 있어야 위험한 상황이 생기더라도 문제를 해결할 수 있기 때문이지.
열심히 공부하는 코니의 모습을 보며 우린 우주가 더 궁금해졌어.

🔍 중력과 무중력의 차이는 뭘까?

지구에서는 물건을 놓치면 땅으로 떨어진다. 지구가 물체를 끌어당기는 힘인 중력이 작용하기 때문이다. 우리가 땅을 딛고 걷는 것도 중력 때문이다.

하지만 우주에 가면 지구의 중력을 받지 않게 된다. 무중력은 중력이 완전히 없는 상태가 아니라 중력을 느끼지 못하는 상태를 뜻한다.

우주
지구와 지구를 둘러싸고 있는 얇은 공기층 너머의 모든 공간, 물질, 에너지를 말한다.

우리 은하
사람들이 모여서 나라를 이루어 살아가듯이 수많은 별이 모여 있는 것을 '은하'라고 부른다. 우주는 약 2000억 개의 은하로 이루어졌다. 우리가 사는 지구는 '우리 은하'에 속한다.

🔍 우주복은 뭐가 다를까?

영하 100~120도 사이로 변하는 기온과 우주 먼지로부터 몸을 보호하기 위해 입는 특수한 옷이다. 공기가 없는 우주에서 7~10시간 정도 숨 쉴 수 있는 산소가 들어 있다. 태양 빛으로부터 눈을 보호해 주고 헬멧과 몸체 사이에 음식과 물이 있어 식사를 할 수도 있다.

코니가 우주로 떠나는 날, 우린 텔레비전으로 그 모습을 지켜봤어. 우주선을 매단 로켓이 커다란 폭발음을 내더니 불기둥을 뿜으며 떠올랐지.

콰
아아

내가 있어야 할 곳은 저긴데….

우주선은 어떻게 발사되는 거야?

우주선은 우주까지 스스로 날아갈 힘이 없어서 로켓에 매달아 쏘아 올린다. 로켓은 보통 3단 로켓으로, 1단계 로켓이 연료를 다 태우고 떨어져 나가면 이어서 2단계, 3단계 로켓이 불을 뿜는다.

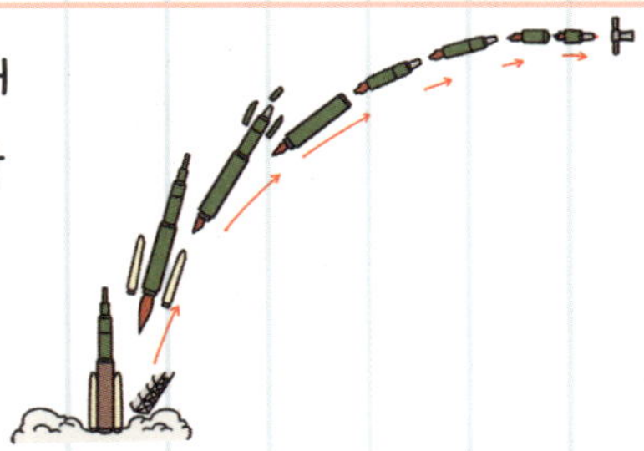

코니는 무사히 우주에 도착했을까? 우린 걱정스러운 마음에 천체 망원경으로 우주를 관찰했어.

코니는 잘 있을 거야.

코니가 있는 국제우주정거장도 보일까?

머나먼 우주는 어떤 모습인지 궁금증만 커진 채 우리는 집으로 돌아가기 위해 엘리베이터를 탔어.

그때였어. 엘리베이터가 덜컹거리더니 다급한 코니의 목소리가 들려왔지.

우주에 간 코니 목소리가 엘리베이터에서 들리다니, 뭔가 잘못된 게 분명해. 코니를 찾아야 해!

이 떠다니지 않도록 벽에 고정된 '슬리핑 팩'에 들어가서 잠을 자.

우주정거장 안에는 숨 쉴 수 있는 공기가 있어서 우주복을 입지 않아도 돼!

우주선에 있는 변기는 물이 없어. 소변이나 대변이 날아가지 않도록 빨아들이는 장치가 달려 있지. 비행기에도 같은 변기가 있어.

우주정거장에 오면 코니를 쉽게 찾을 수 있을 거라 생각했지만 어디에도 코니는 없었어. 대체 어디 있는 걸까? 그때, 수첩을 뒤적이던 제시카가 놀라서 소리쳤어.
"이건 코니의 수첩이잖아!"

코니랑 부딪혔을 때 바뀐 게 틀림없어.

수첩 안에 답이 있겠군!

우주에 가면 키가 커진다?

우주에서 오랫동안 무중력 상태에 있으면 보통 1~2센티미터, 크게는 7센티미터 정도 자란다. 중력이 척추에 주는 부담이 줄기 때문이다. 지구로 오면 다시 원래의 키로 돌아온다.

국제우주정거장

- 사람이 우주에 머물며 생활할 수 있는 공간이다. 여러 가지 실험을 하고 우주를 관측한다.
- 지구에서 약 320~450킬로미터 떨어진 곳에서 지구 주위를 돌고 있다.
- 90분 만에 지구를 한 바퀴 돌 수 있어서 지구에서 하루가 흘러갈 동안 우주정거장에서는 열여섯 번이나 태양이 뜨고 저문다.

우린 멋진 우주선으로 바뀐 매직 엘리베이터에 올라탔어. 엘베르토는 엘리베이터 버튼을 보며 태양계를 소개했지. 어디로 갈지 고민하는 사이 팡요가 재빠르게 버튼 하나를 눌렀어.

야호! 빨리 태양계를 탐험하자!

탐험이라니? 코니를 찾아야지!

책에서 보니까 화성이 가장 지구와 닮았다던데 화성으로 간 게 아닐까?

코니를 찾으러 어디로 떠날지는 너희들이 결정해야 해.

태양계의 중심인 태양에서 탐험을 시작하는 거야!!

꾸욱!

이미 지구로 돌아갔을지도 모르잖아. 우웩!

🔍 **지구는 공처럼 둥글까?**

지구는 완벽한 원 모양이 아니다. 적도 반지름이 극 반지름보다 약간 더 긴 타원에 가깝다.

적도 반지름은 극 반지름보다 21킬로미터 더 길어!

극 반지름
적도 반지름

🔍 **지구에만 생명체가 있는 이유는?**

지구의 대기는 질소, 산소 등 다양한 기체로 이루어져 있다. 특히 산소는 생물이 숨을 쉬며 살 수 있게 한다. 또한 태양에서 적당히 떨어져 있어 온도가 너무 뜨겁지도, 차갑지도 않다. 지금까지는 태양계 행성 중에서 지구에만 생명체가 있다고 밝혀졌다.

매직 엘리베이터가 멈춰 서자 뜨거운 열기에 숨이 막혀 왔어.
"태양의 가장 바깥쪽 온도는 6000도야. 태양이 내뿜는 빛과 열은 지구에 적절한 기온과 날씨를 만들어 주지. 그래서 생명체가 살아갈 수 있는 거야."
엘베르토가 땀을 뻘뻘 흘리며 태양에 대해 이야기했어.
하지만 우린 뜨거운 태양 열기를 참을 수 없었어.

채층
광구 바로 바깥에 있는 붉은 대기층이다.

누가 보일러를 세게 튼 거야? 당장 꺼!

태양은 스스로 빛을 내는 천체라서 '항성'이라고도 해. 항성은 우리 은하에 약 2000억 개 정도 있어.

플레어
흑점 부근에서 폭발이 일어나 채층의 일부가 순간 매우 밝아지는 현상이다.

우리 몸 온도가 36.5도 정도인데, 태양 온도는 6000도라니!

광구
밝고 둥글게 보이는 태양의 표면. 수많은 쌀알을 뿌려 놓은 것 같은 무늬가 있다.

태양
- 지름: 1390000킬로미터(지구의 약 109배)
- 표면 온도: 6000도
- 중심 온도: 15000000도
- 대기: 수소, 헬륨
- 특징: 태양계에서 스스로 빛을 내는 유일한 별이다.

레너드 수첩
엘베르토 혼자만 선풍기를 챙기다니! 얄미운 구석이 있음.

흑점
태양 표면에 거뭇거뭇한 점들로 다른 곳에 비해 비교적 온도가 낮다.

"태양은 크기가 큰 만큼 주위의 물체를 끌어당기는 중력도 아주 세지. 우린 지금 태양한테 끌려가고 있어."

매직 엘리베이터에 경고음이 울리기 시작했어. 우린 더 이상 버티지 못하고 정신을 잃고 말았지.

항성과 행성과 위성

- 태양처럼 스스로 빛을 내는 별을 항성이라고 한다. 태양은 태양계에서 유일한 항성이다.
- 행성은 스스로 빛을 내지 못하는 천체로 항성이 비추는 빛을 받아 빛난다.
- 행성은 태양의 둘레를 돌면서 동시에 스스로도 돌고 있다.
- 위성은 행성과 같은 천체 둘레를 공전한다. 지구의 위성이 달이다.

코로나
채층 위에 있는 청백색의 대기층으로 온도는 백만 도에 이르고, 두께가 수백만 킬로미터 정도로 아주 두껍다.

너무 뜨거워. 집에 가고 싶어.

당장 다른 곳으로 출발!!!

자전과 공전

- 행성이 태양의 중력 때문에 태양 주위를 도는 것을 '공전', 스스로 도는 것을 '자전'이라고 한다.
- 자전에 걸리는 시간을 하루, 공전에 걸리는 시간을 1년이라고 한다. 그래서 지구의 하루는 24시간이고 일년은 365일이 된다.

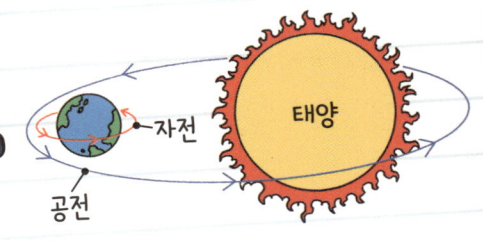

홍염
채층에서 솟아오르는 불꽃 모양의 가스 구름으로, 불꽃처럼 높이 뻗어 나왔다가 다시 가라앉는다.

삐삐삐-!!!

코니는 이곳에 있는 걸까? 하지만 엘베르토는 고개를 저으며 말했지.
"수성은 태양의 중력 때문에 우주선이 착륙하기 어려워."
그때였어. 갑자기 돌덩이 같은 게 날아와 수성에 새로운 구덩이 하나가 생겨 버렸어.

쿠아앙

창밖으로는 또 다른 소행성이 엘리베이터를 향해 날아오고 있었어. 온몸이 굳어서 눈을 질끈 감은 그 순간, 에드워드가 우릴 구했어!

콰아아

팟!

어디로든 떠나야 해!

흠... 금성을 선택했군.

금성? 왠지 예쁜 이름이야.

수성에서는 몸무게가 줄어든다?
약한 중력 때문에 수성에 가면 지구에서보다 몸무게가 줄어든다.

100Kg / 37Kg

수성에서는 하루가 59일이다?
수성은 59일에 한 번씩 자전을 하기 때문에 하루의 길이가 지구보다 59배나 길다.

수성은 대기가 거의 없기 때문에 태양에서 받는 열을 저장하거나 옮길 수 없다. 열을 받는 곳은 450도까지 오르지만, 열이 닿지 않는 곳은 영하 170도까지 내려간다.

"자, 금성에 도착했어. 금성의 또 다른 이름은 샛별이야."
예쁜 이름과 달리 창밖은 뿌옇고 노란 구름으로 뒤덮여 있었어.
"금성은 태양계에서 가장 뜨거운 행성이야. 두껍고 노란 구름은 금속을 녹일 정도로 독한 황산으로 이루어져 있어서 생명체가 직접 탐험할 수 없지."
이곳에도 코니는 없는 걸까? 힘이 빠진 제시카가 털썩, 바닥에 수첩을 떨어트렸어.

황산 구름 속으로 들어가면 매직 엘리베이터도 녹아 버리겠군.

구름을 뚫고 들어간다 해도 400도가 넘는 온도를 견딜 수 없을걸?

우주에 와서 엘리베이터 안에만 있어야 하다니!

금성

- 지름: 12100킬로미터(지구와 비슷)
- 자전 주기: 약 243일
- 공전 주기: 약 225일
- 표면 온도: 460도
- 위성: 없음
- 대기: 이산화탄소, 적은 양의 질소
- 특징: 지구와 크기가 거의 같아서 지구의 쌍둥이 행성이라 불린다.

부글부글 뜨거운 별

- 금성의 표면은 온통 화산과 용암으로 덮여 있어서 매우 뜨겁다.
- 금성의 두꺼운 대기는 열을 가둬 놓기 때문에 온실 효과가 나타난다. 그래서 온도가 460도까지 올라간다.

펼쳐진 수첩 속에는 손 도장이 그려져 있었지.
"이것 봐! 지구처럼 발을 딛을 수 있는 화성으로 간 게 분명해!"

"화성의 단단한 땅에 손 도장을 남기고 싶었던 거야!"

"그렇다면 금성에 코니가 있을 리 없겠네."

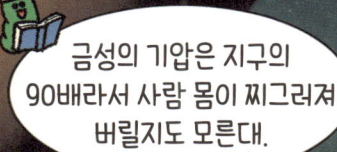
"금성의 기압은 지구의 90배라서 사람 몸이 찌그러져 버릴지도 모른대."

우주에 내 손 도장을 남길 그날을 꿈꾸며

🔍 금성은 이름이 여러 개?

- 금성은 지구에서 눈으로 볼 수 있으며 가장 밝게 빛나는 행성이다. 금성 둘레의 두꺼운 구름 층이 태양 빛을 많이 반사하기 때문이다.
- 지구에서는 주로 해가 진 직후나, 해가 뜨기 직전에 볼 수 있다. 새벽에 빛을 내어서 '샛별', 개가 저녁밥을 기다릴 때 보여서 '개밥바라기별'로 불린다.

해가 서쪽에서 뜨는 금성
금성은 특이하게도 다른 행성과 반대 방향으로 자전하여 해가 서쪽에서 뜬다.

"우와~ 해가 서쪽에서 뜨면 재미있을 것 같아!"

🔍 금성의 하루는 1년보다 길다?
금성은 자전 주기가 243일, 공전 주기가 225일이다. 따라서 금성의 하루는 1년보다 길다.

화성에 도착해서야 우리는 드디어 엘리베이터에서 내릴 수 있었어. 엘베르토는 지구를 뺀 태양계 행성 중 생명체가 살 수 있는 환경에 가장 가까운 게 화성이라고 했지.

난 뭔가 움직이는 걸 발견하고 급히 달려갔어. 코니가 아닐까 기대했지만 화성 탐사 로봇이었어.

코니를 찾지 못해 속상해 하고 있을 때 샐리가 다급하게 소리쳤어.
"팡요랑 에드워드가 무언가에 쫓기고 있어!"

쿠쿠쿠쿠

물이 흐른 흔적이 있어.

아쉽게도 사람이 살기엔 물과 공기가 충분하지 않아.

지금도 물이 흐르면 좋을 텐데….

흙 속에 뭐가 들었길래 이렇게 붉은 거지?

올림푸스 산
태양계에서 가장 높은 산으로 지구에서 가장 높은 에베레스트 산보다 3배 가까이 높다.

화성의 표면 온도가 밤에는 영하 140도, 낮에는 20도인 걸 알게 된 것도 탐사 로봇 덕분이지.

코니를 영영 못 찾으면 어떡해?

걱정 마. 아직 4개의 행성이 남아 있잖아.

으악! 저기 좀 봐!

화성
지름: 6780킬로미터(지구의 약 $\frac{1}{2}$배)
자전 주기: 약 24시간 37분
공전 주기: 약 687일
표면 온도: 영하 140~25도
위성: 데이모스, 포보스
대기: 이산화탄소, 질소, 적은 양의 아르곤, 산소
특징: 땅의 겉면이 붉은색이다.

화성 탐사 로봇
화성에 생명체가 존재하는지를 비롯해 기온, 습도, 바람 등 기후를 관측하고 화성의 돌이나 흙을 분석한 내용을 지구로 보내 준다.

"먼지 폭풍이야! 얼른 엘리베이터에 타자!"
엘베르토가 외쳤어. 하지만 팡요와 에드워드는 먼지 폭풍 속으로 사라지고 말았지.

매직 엘리베이터의 능력은 대단했어. 갑자기 로봇 팔이 길게 뻗어 나오더니 먼지 폭풍 속에서 팡요와 에드워드를 구해 냈지.

살려 줘~!

콰

아아아

엘리베이터에 팔이 있었다니!!!!

훗, 이 정도 능력은 아무것도 아니지.

저건 설마 외계인?

거대한 먼지 폭풍이야! 햇빛이 가려져 암흑 세계가 되기 전에 빨리 빠져나가야 해!!

철컥!

안 돼!!! 에드워드! 팡요!!!!!

🔍 화성은 달이 두 개라고?

화성은 데이모스와 포보스라는 두 개의 위성을 갖고 있다. 모양이 둥글지 않고 울퉁불퉁하며 크기도 작다.

데이모스
지름 12km

포보스
지름 22km

제2의 지구로 불리는 화성

지구와 하루 길이가 비슷하고 사계절이 있다. 물이 흐른 흔적이 있으며 드라이아이스나 얼음으로 덮여 하얗게 빛나는 부분도 있다. 물과 공기가 부족해 생명체가 살 수는 없다. 하지만 인간이 살 수 있도록 변화시키는 테라포밍 1순위 행성이다.

분명 화성을 빠져나왔는데, 여전히 폭풍 속에 있는 것 같았어. 창밖에 어지럽게 떠다니는 돌덩이들 때문이지. 작은 소행성들이 띠를 이루며 떠다니는 소행성대에 온 거야.
초코가 소행성과 부딪히면 어떡하냐며 걱정하자 엘베르토는 웃음을 터트리며 말했지.
"영화를 너무 많이 봤군. 가까워 보여도 소행성끼리는 서로 멀리 떨어져 있어. 소행성대를 지난다고 해도 부딪히는 건 아주 드문 일이라고."

유성과 운석
- 작은 먼지나 얼음, 암석의 파편 등이 지구의 대기권과 부딪혀 타면서 빛을 내는 게 유성이다. '별똥별'이라고도 한다.
- 타지 않고 그대로 땅에 떨어지는 것은 '운석'이라고 한다.
- 과학자들은 지구에 떨어진 운석을 연구해 태양계의 나이가 46억 년 정도 되었다는 사실을 알아냈다.

"운석을 연구하면 우주를 알 수 있다니 대단해!"

"아직도 먼지 폭풍 속인가…. 웩, 멀미!"

"우주 공간에 왜 바위들이 떠 있지?"

"소행성대라면 화성과 목성 사이쯤 되겠군."

"하긴, 수성에서도 소행성과 부딪힐 뻔했는데, 또 같은 일이 일어나겠어?"
그때였어. 작은 소행성 하나가 엘리베이터 창에 콱 박혔지.
"하하! 아주 드문 일이 우리한테 일어났군. 소행성은 멀찍이서 태양 둘레를
공전하고 있지만, 주위 천체의 영향을 받아 우연히 궤도가 바뀌기도 해."
엘베르토가 멋쩍은 듯 말했고, 곧 유리에 금이 가기 시작했어.

소행성이 어마어마하게 많아.

소행성대에는 수백만 개의 소행성이 있어.

소행성

- 태양계에 속한 천체 중 행성보다 크기가 작은 것을 소행성이라고 한다.
- 모양이 불규칙하고 금속이나 바위로 이루어져 있다. 지름이 500킬로미터나 되는 큰 것부터 1센티미터도 안 될 만큼 작은 것까지 다양하다.
- 화성과 목성 사이에 소행성들이 띠를 이루며 떠다니는 구역을 소행성대라 한다.

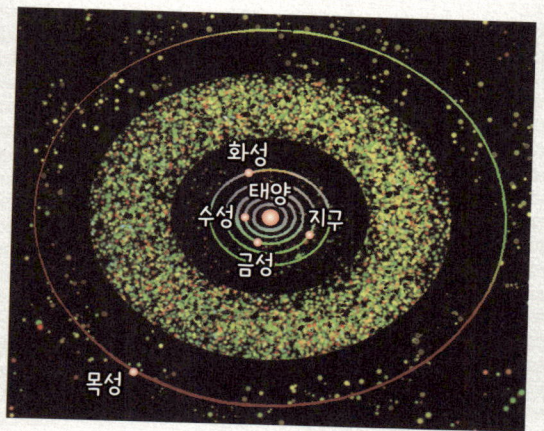

🔍 공룡이 멸종한 이유가 소행성 때문이라고?

많은 과학자들은 약 6500만 년 전 소행성이 지구와 충돌했을 거라고 믿고 있다. 소행성 충돌로 갑작스러운 기상 변화가 일어나 공룡을 비롯한 선사 시대 많은 생물들이 멸종했다는 것이다.

왜소 행성

- 행성보다는 작고 소행성보다는 큰 천체로, 소행성대와 카이퍼 띠에 위치한다.
- 카이퍼 띠는 해왕성 바깥쪽에 얼음 알갱이나 작은 바위 같은 천체들이 모여 있는 곳이다.
- 소행성대에서 가장 큰 천체인 세레스는 1801년에 발견되었고 지름은 1000킬로미터 정도이다. 태양계에서 가장 처음 발견한 왜소 행성이다.

소행성과 충돌한 뒤 매직 엘리베이터는 순식간에 날아서 목성에 도착했어.
엘베르토는 금이 간 창에 테이프를 덕지덕지 붙이고는 멋쩍게 웃었지.
그 너머로 색색의 줄무늬를 띠고 있는 커다란 목성이 보였어.
"목성은 태양계에서 가장 큰 행성이야. 하지만 수소와 헬륨 등 가스로 이루어져 있어서 착륙할 만한 단단한 땅이 없지."

레너드 수첩
코니가 없는 줄 알면서 일부러 우리를 위험한 행성으로 데려가다니, 위험한 사람임.

태양계 행성 중 가장 큰 목성
- 목성의 지름은 지구의 11배 정도이고 부피는 1300배나 된다.
- 목성의 질량은 태양계 행성을 모두 합한 질량의 두 배 정도이다.

목성
지름: 약 143000킬로미터(지구의 약 11배)
자전 주기: 약 10시간
공전 주기: 약 12년
표면 온도: 약 영하 150도
위성: 60개 이상
대기: 수소, 적은 양의 헬륨
특징: 태양계에서 가장 크고 무거운 행성으로 지구에서 금성 다음으로 밝게 보인다.

우주 낱말 사전
자기장: 자석이나 전류가 흐르는 곳 주위에 생기는 힘.

"태양계 모든 행성을 다 합쳐도 목성보다 가벼워. 태양계에서 가장 자기장이 세니 조심들 하라고!"

"아파트 옥상에서 봤던 목성이야. 코니가 있을까?"

"맞아! 남쪽 하늘에서 빛났던 노란 별?"

"어디일까?"

내가 가고 싶은 곳은 지구에서도 눈으로 볼 수 있어.
-코니

"저 커다랗고 붉은 반점은 설마 대적점?"
팡요가 손짓하는 곳에 달걀 모양의 붉은 점이 보였어.
"대적점은 지구의 태풍과는 비교할 수 없을 정도로 깊고 빠른 소용돌이야.
휩쓸리지 않게 조심해야 돼."
엘베르토의 설명을 듣고 있는데 매직 엘리베이터에 빨간 불이 깜박이며
경고음이 울렸어.
"어서 여길 빠져나가자!"

대적점
'거대한 붉은 반점'이라는 뜻으로 목성 적도 아래쪽에 있는 달걀 모양의 거대한 태풍이다. 가장 긴 부분에 지구 3개가 들어갈 만큼 거대하다.

더! 더! 더! 가까이!

추운 건 딱 질색인데.

누군가 엘리베이터를 잡아당기는 것 같아!

콰콰콰콰

큰일이군! 이러다 목성에 부딪히겠어!

맙소사! 목성이 지구보다 중력이 3배나 세서 그런 거야!

더 이상 가까이 가면 위험하다고!

60개가 넘는 위성이 있는 목성
지금까지 발견된 목성의 위성은 60개가 넘는다. 그중 이오, 유로파, 가니메데, 칼리스토는 1610년 갈릴레이가 망원경으로 발견해서 '갈릴레이 위성'이라고도 한다.

그리스 신화에 나오는 최고의 신, 제우스가 사랑한 여인들의 이름을 붙여 준 거야!

   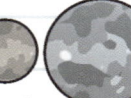
이오   유로파   가니메데   칼리스토

목성은 지구의 방패?
목성은 중력이 엄청 세서 지구로 돌진하는 혜성과 소행성들을 끌어당겨 막아 준다.

태양계 행성의 분류
행성의 크기, 밀도, 대기 성분 등을 기준으로 지구형과 목성형으로 분류한다.

지구형 행성(수성, 금성, 지구, 화성): 표면이 단단한 암석으로 이루어져 있다. 궤도가 태양과 가깝고 크기에 비해 무겁다.

목성형 행성(목성, 토성, 천왕성, 해왕성): 표면이 기체로 이루어져 있다. 궤도가 태양과 멀고 크기에 비해 가볍다.

"뭐야? 왜 아직도 흔들리는 거야!"
목성을 벗어났지만 매직 엘리베이터는 여전히 덜컹거렸어. 창밖에는 크고 작은 얼음덩어리들이 가득했지.
"이런 이런, 토성의 고리 궤도로 들어와 버렸군."
엘베르토는 다시 '토성' 버튼을 눌렀어.

- 이것들이 토성의 고리라고?
- 토성 주위를 빠른 속도로 빙빙 돌고 있어.
- 이런 곳에 코니가 있을 수 없지.
- 일단 여길 빠져나가야겠어!

토성의 고리는 아름다워 보이지만, 사실 영하 180도의 기온에 크고 작은 알갱이들이 소용돌이 치고 있음.
절대 가까이 가지 말 것!
-코니-

다시 엘리베이터가 멈췄을 때 우리는 입이 떡 벌어지고 말았어. 조금 전의 거친 고리가 토성을 감싸며 아름답게 빛나고 있었거든.
"토성은 목성처럼 수소와 헬륨으로 이루어진 기체 행성이야. 태양계에서 목성 다음으로 크지만 물보다 밀도가 낮아서 물에 빠진다면 뜰 수도 있을걸!"

- 정말 멋져. 팔찌로 하고 싶어.
- 멀리서 보면 이렇게 아름다운 고리인데….
- 보이는 게 다가 아니다!!! 겉과 속이 다른 토성!

🔍 천왕성과 해왕성은 쌍둥이 행성?

기체형 행성으로 대기가 매우 비슷해 쌍둥이 행성으로 불린다. 천왕성은 태양계 행성 중 가장 차가운 행성이고 해왕성은 가장 바람이 많이 부는 행성이다. 대기 중에 섞여 있는 '메테인'이라는 성분이 태양의 빛에서 붉은색은 흡수하고 푸른색과 녹색은 반사해서 파랗게 보인다.

🔍 천왕성이 누워 있는 이유는?

많은 과학자들은 오래 전 원시 행성과 충돌하여 천왕성의 자전축이 기울어졌을 것이라 보고 있다.

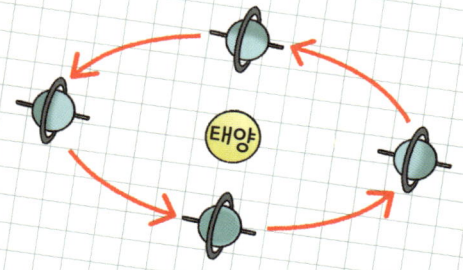

천왕성

- **지름:** 51000킬로미터 (지구의 약 4배)
- **자전 주기:** 약 17시간 14분
- **공전 주기:** 약 84년
- **표면 온도:** 영하 216도
- **위성:** 27개 이상
- **대기:** 수소, 메테인, 헬륨
- **특징:** 목성, 토성과 같은 기체 행성으로 누운 채 자전한다.

"얼음 별이라고 불리는 천왕성! 태양계 행성 중 가장 차가운 행성이야. 천왕성이 태양을 한 바퀴 도는 데 84년이 걸려. 천체가 자전할 때 중심이 되는 축이 기울어져서 옆으로 누워 있지. 그래서 42년간 낮이, 42년간 밤이 계속되는 거야."
엘베르토의 말처럼 창밖에는 차가워 보이는 청록색 행성이 옆으로 누워 있었어.

이러다 얼어 죽겠어! 빨리 해왕성으로 가자!

밤이 몰려오고 있다. 이곳에서 빨리 벗어나지 않으면…

레너드 수첩

무서운 사실을 무섭게 말함. 최근 연기력이 늘고 있음.

태양에서 가장 멀리 떨어져 있는 해왕성 앞에 도착했어. 태양계의 마지막 행성인 해왕성에도 역시 코니는 보이지 않았지.
그때 스마트 시계의 알람이 삐비빅 울렸어. 세상에! 코니한테 영상 문자가 온 거야. 나는 당장 '엄청 빠름! 함부로 누르지 마시오!' 라고 써진 버튼을 눌렀어. 매직 엘리베이터는 빠른 속도로 코니가 있는 곳을 향해 날았지.

🔍 **천왕성과 해왕성의 1년은?**

지구 시간을 기준으로 천왕성의 1년은 84년, 해왕성의 1년은 165년이다. 천왕성과 해왕성은 태양과 아주 멀리 떨어져 있기 때문에 태양을 도는 데 각각 84년, 165년이 걸리기 때문이다.

해왕성
- 지름: 50000킬로미터(지구의 약 3.9배)
- 자전 주기: 약 16시간
- 공전 주기: 약 165년
- 표면 온도: 영하 214도
- 위성: 14개 이상
- 대기: 수소, 메테인, 헬륨
- 특징: 목성, 토성과 같은 기체 행성으로 목성의 대적점과 비슷한 소용돌이인 대흑점이 있다.

딩동! 영상 메시지가 도착했습니다.

얘들아! 난 사실 국제우주정거장에 가지 않았어! 사실은….

국제우주정거장으로 가는 우주선과 달 탐사선의 갈림길에서 고민에 빠졌지.

결국 난 그토록 오고 싶던 달에 온 거야!

엄청 빠름! 함부로 누르지 마시오!

안 돼~~~~~~! 아껴 둔 버튼인데….

매직 엘리베이터는 달에 도착했어. 지구에서 늘 바라보던 달을 이렇게 가까이에서 보다니, 가슴이 두근거렸지.

'드디어 달도, 코니도 만나는구나!'

에, 그러니까 지구와 달의 거리가 삼십 팔만 사천 사백 킬로….

코니야! 우리가 간다!!!

달

- 지름: 3476킬로미터(지구의 약 $\frac{1}{4}$)
- 자전 주기: 27일 8시간
- 공전 주기: 27일 8시간
- 표면 온도: 영하 200~120도
- 대기: 거의 없다.
- 특징: 지구의 유일한 위성이다. 산맥과 평지, 수많은 크레이터(크고 둥근 구덩이)가 있다. 공전 주기와 자전 주기가 같고 스스로 빛을 내지 못한다.

저 멀리 코니가 보였어. 우리는 서둘러 밖으로 나갔지. 이상하게 몸이 붕 뜨는 느낌이 들었어.

"달은 지구 크기의 $\frac{1}{4}$이야. 중력도 약해서 몸무게는 $\frac{1}{6}$ 정도로 가벼워져. 내 말 듣고 있는 거야?"

엘베르토의 말에도 우린 코니를 만난 기쁨에 한껏 들떠 있었어.

내가 발을 잘못 디뎌서 달 표면의 갈라진 틈 사이에 빠졌지 뭐야. 그래서 너희한테 도와달라고 메시지를 보냈는데, 내 목소리 들었어?

빙글

바뀐 수첩 덕분에 신나는 우주 모험을 했어!

드디어 모두 모였어! 야호!

살이 빠진 게 아닌데….

코니도 만나고 살도 쭉 빠지다니 달은 정말 좋은 곳이야.

으아앙! 코니!!!

"달은 정말 굉장한 위성이야. 표면은 울퉁불퉁한 크레이터와 산맥이 수없이 많아. 난 책에서 보던 달 토끼를 꼭 만나고 싶었어. 하지만 전설 속의 토끼는 찾지 못했지."

코니 말이 끝나자 엘베르토는 매직카드를 던지며 말했어.

"당연하지! 달에 그림자처럼 보이던 토끼는 달 표면의 움푹하고 어두운 부분이 만든 무늬일 뿐이라고!"

저 멀리 지구가 보였어. 우리는 모두 오랫동안 지구를 바라봤어.

달 토끼의 비밀은?

달에는 지대가 낮고 평평하고 어두운 지형이 있다. 이런 지형을 '달의 바다'라고 하는데 '달의 바다'의 모양이 방아 찧는 토끼처럼 보여 달에 토끼가 산다는 이야기가 전해지게 되었다.

"달에는 토끼가 살지 않아!"

모든 행성과 위성은 서로를 끌어당겨. 지구도 위성인 달을 끌어당기지. 그래서 달이 지구 둘레를 도는 거야. 물론 달도 지구를 엄청나게 큰 힘으로 끌어당기고 있어!

달의 공전과 모양 변화

지구가 태양 둘레를 1년에 한 바퀴씩 도는 것처럼 달도 한 달에 한 바퀴씩 지구 둘레를 돌고 있다. 달이 지구 주위를 공전하면서 태양 빛을 받는 부분이 달라지기 때문에 달의 모양이 변하는 것처럼 보인다.

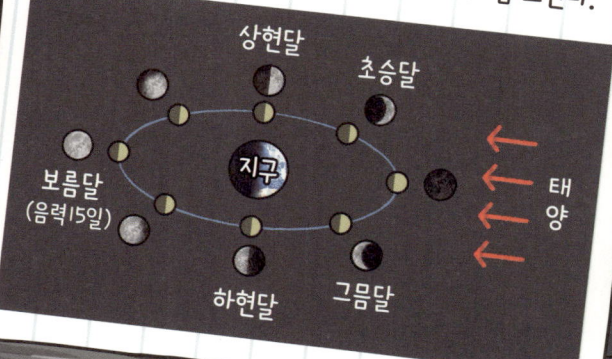

정말 아름답다.

달은 지구의 유일한 위성으로 엄청난 힘으로 지구를 끌어당기고 있다. 달의 인력으로 지구의 바다를 끌어당겨 밀물과 썰물이 생긴다.

달이 바닷물을 끌어당겨서 밀물과 썰물을 만드는 거야.

달이 태양을 가리는 '일식'

달이 지구와 태양 사이를 지나가면서 태양을 가리게 되는 현상이다.

지구의 그림자가 만드는 '월식'

지구가 달과 태양 사이를 지나가면서 지구 그림자에 달이 가려지는 현상이다.

갑자기 주위가 어두워지기 시작했어.
"이런 이런. 이러다 대도서관에 늦겠는걸!"
엘베르토는 시계를 보더니 어디론가 사라졌어.
달의 밤이 조용히 찾아오고 있었지.

"밤이 오고 있어. 엄청 추워질 테니 너희들도 서두르라고!"

"정말? 어쩐지 춥더라!"

"뭐야? 저 괴상한 모습은?"

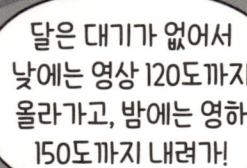

"달은 대기가 없어서 낮에는 영상 120도까지 올라가고, 밤에는 영하 150도까지 내려가!"

우리는 매직 엘리베이터를 타고 지구 버튼을 꾹 눌렀어.
그때 날카로운 경고음이 울려 퍼졌어.
"삐 삐 삐 삐 삐————————"
창밖으로 검은 구멍이 보였어.
"저…저건 블랙홀?"

블랙홀
우주에 있는 검은 구멍이란 뜻이다. 강한 중력 때문에 빛조차도 빠져나갈 수 없어 '우주의 무덤'이라고 불린다. 갓 태어난 젊은 은하의 중심부에서 몇백만 개의 별이나 별의 시체들이 합쳐져 이루어진다.

블랙홀이 만들어지는 과정

1. 먼지와 가스로 이루어진 성운에서 별이 태어난다.
2. 별은 아주 오랜 시간이 지나면 늙어서 죽음을 맞게 된다. 별이 죽어서 한 점으로 오그라든 별의 시체가 블랙홀이다.
3. 별들 가운데 질량이 아주 큰 초거성에서 '초신성 폭발'이라는 폭발이 일어난다.
4. 초거성 중에서도 질량이 태양의 30배가 넘는 가장 큰 별들이 블랙홀이 된다.

				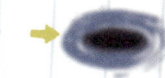
성운	질량이 큰 별	초거성	초신성 폭발	블랙홀

문 천문대장의 초대를 받아 천문대 안으로 들어서니 곳곳에 크고 작은 망원경들이 놓여 있었어.

"천문대에선 별과 태양 빛 등을 관측할 수 있어. 여기 커다란 건 '거대 마젤란 망원경'이란다."

"망원경같이 생기지 않았는데?"

샐리가 고개를 갸웃하자 문 천문대장은 흐뭇한 얼굴로 말했어.

"이 망원경은 아직 완성된 건 아니야. 벌써 20년이 넘게 세계 여러 나라들이 힘을 합쳐 만들고 있지. 몇 년 뒤에 이 망원경이 완성되면 세계 최대의 광학 망원경이 탄생하는 거란다!"

"이 망원경이 완성되면 400킬로미터 떨어진 곳의 100원짜리 동전도 구분할 수 있게 될 거야. 지금보다 훨씬 선명하게 먼 우주의 별들을 볼 수 있겠지?"

"우리는 조금 전까지 달에 발을 딛고 서 있었는걸?"

"커다란 거울 7개를 붙인 모양이네."

🔍 천체 망원경은 누가 처음 발명했을까?

천체 망원경은 이탈리아의 갈릴레오 갈릴레이가 처음 발명했다. 갈릴레이는 네덜란드의 안경점 직원이 렌즈 두 개를 겹쳐서 물건을 크게 보이게 하는 망원경을 발명했다는 이야기를 듣고 직접 천체 망원경을 만들었다.

"천체 망원경으로 달이 매끄럽지 않다는 것과 토성에 고리가 있다는 것도 발견했단다."

🔍 천체 망원경으로 처음 발견한 행성은?

천왕성은 천체 망원경으로 발견한 최초의 행성이다. 수성, 금성, 화성, 목성, 토성은 지구에서 눈으로 관측이 가능했기 때문에 그 존재가 알려져 있었지만 천왕성은 천체 망원경을 통해 처음 발견되어 알려지게 되었다.

발전된 망원경으로 우주의 비밀을 지금보다 더 가까이 들여다볼 수 있는 날을 꿈꾸며 우리는 천체 망원경으로 하늘을 바라봤어. 갑자기 사라져 버린 엘베르토는 잘 있을까? 걱정이 되던 순간, 하늘에서 반짝이는 빛이 보이더니 아래로 떨어졌어.

슈웅

"저기 봐! 별똥별이야!"

"얼른 소원 빌자!"

"별똥별을 보면서 왜 소원을 비는 거야?"

"별똥별이 빛을 내며 떨어지는 시간은 1초도 안 되거든."

"그만큼 소원이 쉽게 이루어지지 않는다는 뜻 아닐까?"

"우주는 정말 미스터리 해."

"언젠가 태양계 너머의 알려지지 않은 우주도 볼 수 있지 않을까?"

아지트로 돌아온 우리는 다 함께 특별한 보고서를 쓰기로 했어. 궤도를 따라 돌다가 만나는 행성의 질문을 맞추는 게임인데, 만약 맞추지 못하면 벌칙이 있지. 블랙홀에 빠지거나 우주 쓰레기를 치우러 가게 되는 거야.
텔레비전 속 우주 채널에서는 우리가 갔던 우주의 날씨가 흘러나오고 있었어.
언젠가 우주 날씨를 확인하며 여행가는 날이 오겠지?

★ 감수자의 글 ★

우리가 살고 있는 세상에는 궁금한 것도 많고 알고 싶은 것도 많습니다.
이러한 궁금증은 바로 과학을 통해 해결할 수 있지요. 과학은 어떤 사건이나 현상을 이해할 수 있는
기본 원리가 담긴 학문입니다. 저학년 어린이들은 과학에 대한 흥미가 높습니다.
현미경, 시험관, 비커 등의 실험 기구를 가지고 탐구하며 신나게 궁금한 점을 해결합니다.
그런 과정을 통해 과학이 우리의 생활과 뗄 수 없는 것임을 알기도 합니다.
하지만 고학년으로 갈수록 과학을 점점 어렵게 생각하고 포기하는 학생들이 늘어납니다. 왜 그럴까요?
과학의 개념들을 충분한 이해 없이 그저 외우려고만 하기 때문입니다.
학년이 올라갈수록 배워야 하는 과학의 양은 늘어나니 외워야 할 것이 많아지고,
개념이 복잡해지기 때문에 과학이 어렵다고 느끼는 것이지요. 따라서 어렸을 때 과학을 외워야 하는
따분한 과목이 아닌 재미있는 과목으로 느낄 수 있도록 해야 합니다.

매직 엘리베이터를 타고 과학 모험을 떠나 보세요. 평소 궁금했던
여러 가지 현상들의 과학 원리에 대해 알 수 있답니다. 라인프렌즈 캐릭터들과 함께
사람의 몸속, 공룡 시대, 곤충의 세계, 별과 우주, 심해 등 다양한 곳을 탐험하면서 자연스럽게
과학에 대한 흥미와 호기심, 지식을 쌓을 수 있습니다.

매직 엘리 클럽에 가입하고 신나는 모험의 세계로 떠나 볼까요?

- 황신영 -

글 황시원, 한고은 그림 도니패밀리 감수 황신영
초판 1쇄 발행 2022년 3월 25일
초판 2쇄 발행 2025년 2월 7일

펴낸이 김영곤
프로젝트2팀 김은영 김지수 이은영 오지애 우경진 권정화 최윤아 **디자인** 박지영
아동마케팅팀 명인수 양슬기 최유성 손용우 이주은
영업팀 변유경 김영남 강경남 한충희 장철용 황성진 김도연
IPX 강병목 임승민 김태희

펴낸곳 (주)북이십일 아울북 **출판등록** 2000년 5월 6일 제406-2003-061호
주소 (우 10881) 경기도 파주시 문발동 회동길 201
연락처 031-955-2100(대표) 031-955-2414(내용문의) 031-955-2177(팩스) **홈페이지** www.book21.com
ISBN 978-89-509-0011-3 (74400)

Licensed by IPX CORPORATION

본 제품은 아이피엑스 주식회사와의 정식 라이선스 계약에 의해 ㈜북이십일에서 제작, 판매하는 것으로
아이피엑스 주식회사의 명시적 허락 없이는 어떠한 경우에도 무단 복제 및 판매를 금합니다.

＊책값은 뒤표지에 있습니다. ＊잘못 만들어진 책은 구입하신 서점에서 교환해 드립니다.

- 제조자명 : ㈜북이십일
- 주소 및 전화번호 : 경기도 파주시 회동길 201(문발동) 031-955-2100
- 제조연월 : 2025년 2월 7일
- 제조국명 : 대한민국
- 사용연령 : 3세 이상 어린이 제품

오래된 물건들은 신비한 힘을 품고 있어.
매일같이 보던 물건이 유난히 다르게 보일 때가 있지.
그때가 바로 신비한 힘이 발휘되는 순간이야.
마치 마법처럼 말이야.